DÉCRET DU 18 NOVEMBRE 1911

RÉGLEMENTANT LA

NAVIGATION AÉRIENNE

AU-DESSUS

DU TERRITOIRE FRANÇAIS

PARIS

Henri CHARLES-LAVAUZELLE

Éditeur militaire

10, Rue Danton, Boulevard Saint-Germain, 118

(MÊME MAISON A LIMOGES)

DÉCRET DU 18 NOVEMBRE 1911
RÉGLEMENTANT LA
NAVIGATION AÉRIENNE
AU-DESSUS DU TERRITOIRE FRANÇAIS

DÉCRET DU 18 NOVEMBRE 1911

RÉGLEMENTANT LA

NAVIGATION AÉRIENNE

AU-DESSUS

DU TERRITOIRE FRANÇAIS

PARIS

Henri CHARLES-LAVAUZELLE

Éditeur militaire

10, Rue Danton, Boulevard Saint-Germain, 118

(MÊME MAISON A LIMOGES)

DÉCRET DU 18 NOVEMBRE 1911

RÉGLEMENTANT LA

NAVIGATION AÉRIENNE

AU-DESSUS DU TERRITOIRE FRANÇAIS

MINISTÈRE DES TRAVAUX PUBLICS, DES POSTES ET DES TÉLÉGRAPHES

Rapport au Président de la République française.

Paris, le 18 novembre 1911.

Monsieur le Président,

Le merveilleux essor pris, au cours de ces deux dernières années, par la locomotion aérienne, a fait ressortir la nécessité de réglementer la circulation des aéronefs.

Un de mes prédécesseurs a chargé la Commission permanente de navigation aérienne, instituée auprès de mon Département, d'étudier cette question. La Commission a mené à bonne fin son travail et a élaboré un projet de loi et un projet de décret réglementant la navigation aérienne au-dessus du territoire français.

Mon Administration termine actuellement l'étude du projet de loi et j'espère être bientôt en mesure de vous proposer de le soumettre aux délibérations du Parlement.

Mais la nécessité de recourir à l'intervention des deux Chambres exigera sans doute d'assez longs délais et les dispositions législatives ne pourront entrer en vigueur que dans un temps assez éloigné.

Dans ces conditions, j'ai pensé qu'il y aurait un très sérieux intérêt à pourvoir d'urgence aux mesures indispensables de sécurité en rendant exécutoires dès maintenant les prescriptions du décret que la Commission permanente de navigation aérienne a préparé concurremment avec le projet de loi et que le pouvoir exécutif est fondé à édicter d'ores et déjà en vertu de ses droits généraux de police.

La Commission a cherché les moyens de protéger, d'une part le public contre la gêne ou les risques que peut lui occasionner la circulation aérienne, et d'autre part les aviateurs contre les dangers que leur font courir leur imprudence, leur témérité ou les vices de leurs appareils, tout en restant dans l'esprit le plus large d'équité et de progrès.

Le décret que j'ai l'honneur de soumettre à votre signature contient à cet effet un ensemble de prescriptions relatives au permis de conduire, au certificat de navigabilité, à l'identification des aéronefs, aux rapports des voyageurs aériens avec les municipalités et avec le fisc, aux mesures à prendre pour protéger notre système défensif contre les indiscrétions, aux conditions dans lesquelles peuvent avoir lieu les courses ou meetings et aux règles de route de l'air.

Le texte élaboré par la Commission permanente de navigation aérienne m'a paru donner satisfaction dans la mesure du possible aux légitimes intérêts des parties en cause. M. le Président du Conseil, Ministre de l'intérieur, et les Ministres des finances, de la guerre et de la marine ont bien voulu partager cet avis et contresigner le projet de décret ci-joint.

J'ai, en conséquence, l'honneur de vous prier, Monsieur le Président, si vous voulez bien consacrer également ce texte de votre haute approbation, de le revêtir de votre signature.

Je vous prie d'agréer, Monsieur le Président, l'assurance de mon profond respect.

Le Ministre des travaux publics,
des postes et des télégraphes,

Victor AUGAGNEUR.

Le Président de la République française,

Sur les rapports des Ministres des travaux publics, des postes et des télégraphes, de l'intérieur, des finances, de la guerre et de la marine,

Vu l'avis de la Commission permanente de la navigation aérienne, instituée par arrêté du Ministre des travaux publics, des postes et des télégraphes en date du 28 juin 1910,

Décrète :

TITRE Iᵉʳ

Des permis de navigation.

Art. 1ᵉʳ. Aucun aéronef ne peut être mis en service en France sans un permis de navigation, à moins qu'il ne satisfasse aux conditions prévues par les conventions internationales.

Art. 2. La demande de permis est adressée par le propriétaire de l'aéronef au préfet de la résidence.

A la demande doivent être joints :

1° L'indication du nom, du domicile et de la nationalité du propriétaire. Si la demande émane d'un étranger, l'identité du requérant est établie par des actes visés par les autorités consulaires de son pays ;

2° La photographie de l'aéronef, si la demande s'applique à un ballon dirigeable ou à un appareil d'aviation ;

3° La justification que l'aéronef est d'origine française ou a acquitté les droits de douane ;

4° Un certificat de navigabilité.

Art. 3. Le certificat de navigabilité est établi par le service des mines après essais jugés par lui suffisants.

Le certificat de navigabilité doit contenir les indications suivantes : nom ou raison sociale et domicile du constructeur ; lieu et année de la fabrication; numéros et autres marques d'identification données par le constructeur ; caractéristiques de l'aéronef conformément aux prescriptions déterminées par une instruction du Ministre des travaux publics. Le requérant est tenu de remettre au service des mines tous les documents nécessaires à l'établissement de ces indications.

Peuvent être considérés par le service des mines comme présentant des garanties suffisantes de navigabilité : les aéronefs reconnus, après essais, aptes à naviguer par les associations habilitées à cet effet ; ceux d'origine française conformes à un type déjà agréé, ainsi que les ballons libres.

En vue de l'application du présent article, tout constructeur d'un appareil d'un type déjà agréé doit donner à chaque appareil un numéro de série et, dans la série à laquelle il appartient, un numéro d'ordre. Il remet à son acheteur une déclaration indiquant les caractéristiques de l'aéronef et attestant qu'elles sont entièrement conformes à celles du type déjà agréé. Cette pièce est jointe à la demande de certificat adressée au service des mines.

Sont également adressées au service des mines les attestations de navigabilité émanant des sociétés qui ont constaté la navigabilité d'un aéronef.

Art. 4. Sur le vu de la demande de permis et des pièces annexées, le préfet procède à l'immatriculation de l'aéronef.

L'inscription sur le registre matricule comprend : 1° la date de l'inscription ; 2° le numéro d'ordre du registre matricule ; 3° l'indication du port d'attache si l'aéronef est un ballon dirigeable ; 4° la description de l'aéronef ; 5° l'indication des marques d'identification données par le constructeur ; 6° les lettres et le numéro distinctifs donnés par le préfet dans les conditions qui seront fixées par le Ministre des travaux publics ; 7° les nom, domicile et nationalité du propriétaire de l'aéronef.

Après avoir procédé à l'immatriculation, le préfet délivre le permis de navigation qui reproduit les mentions du certificat de navigabilité et celles du registre matricule. Sur le permis est apposée la photographie de l'aéronef, s'il s'agit d'un ballon dirigeable ou d'un appareil d'aviation.

Art. 5. Aucun aéronef ne peut circuler sans porter en caractères apparents, dans les conditions qui seront fixées par le Ministre des travaux publics :

1° La lettre F, si l'aéronef appartient à un français ou à un étranger domicilié en France, ou à une société ayant son siège social en France ;

2° Les lettres et numéros distinctifs inscrits sur le registre matricule.

Art. 6. Le permis de navigation cesse d'être valable et doit être renouvelé en cas de changement entraînant des modifications dans ses énonciations. Le permis qui a cessé d'être valable doit être renvoyé par le titulaire de ce permis au préfet dont il émane, aux fins de radiation à effectuer sur le registre matricule.

Le propriétaire d'un aéronef est également tenu de renvoyer aux fins de radiation son permis de navigation au préfet qui l'a délivré si l'aéronef a été détruit ou s'il est hors d'usage.

Art. 7. A toute époque, le service des mines peut visiter les aéronefs admis à circuler.

Les associations dûment habilitées peuvent également visiter les aéronefs dont elles ont garanti la navigabilité ; elles doivent communiquer au service des mines le résultat de leurs visites.

S'il est constaté qu'un aéronef ne répond plus aux spécifications du permis de navigation, ce permis est retiré par arrêté du préfet sur avis du service des mines, et notification immédiate de cet arrêté est faite au propriétaire de l'appareil.

S'il est reconnu qu'un aéronef n'est pas en bon état d'entretien, le permis peut également être retiré après une mise en demeure restée sans effet.

TITRE II

De la conduite des aéronefs.

Art. 8. Les aéronefs ne sont admis à circuler que s'ils ont à bord un pilote pourvu d'un brevet d'aptitude.

Le brevet d'aptitude est délivré par le préfet, après examen par le service des mines ou par une société habilitée à cet effet par l'Administration.

Art. 9. Des brevets différents sont délivrés pour la conduite d'un ballon libre, d'un ballon dirigeable ou d'un appareil d'aviation, et le brevet d'aptitude délivré pour une catégorie d'aéronefs n'habilite pas à conduire un appareil d'une autre catégorie.

Art. 10. Le brevet d'aptitude contient les nom, prénoms et signalement du titulaire, son lieu et sa date de naissance, ainsi que sa photographie et sa signature.

Il ne peut être accordé à des personnes âgées de moins de 18 ans, sauf autorisation spéciale du Ministre des travaux publics ; il ne peut être délivré qu'à des personnes de bonne moralité.

Le brevet d'aptitude peut être retiré par le préfet, sauf recours au Ministre des travaux publics, s'il est évident que les conditions dans lesquelles il a été délivré ne sont plus remplies.

TITRE III

De la circulation des aéronefs.

Art. 11. Il est interdit aux aéronefs d'atterrir dans les agglomérations, sauf sur les emplacements spécialement désignés par l'autorité municipale.

Art. 12. Sauf autorisation spéciale, il est défendu aux aéronefs de passer au-dessus des zones interdites. Ces zones sont énumérées par un décret qui en définit les limites et qui est inséré au *Journal officiel*.

Art. 13. Tout aéronef qui s'engage sans autorisation au-dessus d'une zone interdite est tenu d'atterrir dès qu'il y est invité et, s'il y a impossibilité de le faire immédiatement, dès qu'il le peut.

Art. 14. L'Administration arrêtera les modes d'avertissements qui pourront être employés pour prévenir un aéronef qu'il est au-dessus d'une zone interdite et pour l'inviter à atterrir.

Art. 15. Sauf autorisation spéciale du Ministre de l'intérieur, le transport, par aéronefs, des explosifs, armes et munitions de guerre, pigeons voyageurs, est interdit.

Cette autorisation ne sera valable pour le transport des pigeons voyageurs qu'avec l'assentiment du Ministre de la guerre ou de la marine, quand l'aéronef sera autorisé à passer au-dessus des zones interdites.

Art. 16. Le transport et l'usage des appareils de photographie sont interdits, à moins d'autorisation spéciale du préfet.

Cette autorisation ne sera valable qu'avec l'assentiment du Ministre de la guerre ou de la marine, quand l'aéronef sera autorisé à passer au-dessus des zones interdites.

Art. 17. Les aéronefs ne peuvent avoir à leur bord des appareils radiotélégraphiques ou radiotéléphoniques qu'à la condition d'y avoir été autorisés par le Ministre des travaux publics, des postes et des télégraphes, après avis de la Commission interministérielle de télégraphie sans fil.

TITRE IV

Des règles à observer lors du départ, de l'atterrissage et en cours de route.

Art. 18. Sans préjudice de l'accomplissement des formalités fiscales, les aéronefs doivent avoir à bord, pour circuler, leurs permis de navigation, ainsi que les brevets du personnel obligé d'en être muni.

Il est tenu en outre un livre de bord.

Ces documents doivent être présentés à toute réquisition de l'autorité publique.

Art. 19. Le livre de bord doit contenir les indications suivantes : la catégorie à laquelle appartient l'aéronef, le lieu et le numéro d'immatriculation, le nom, la nationalité, la profession et le domicile du propriétaire.

Art. 20. Sont portés sur le livre de bord pour chaque ascension :

1° Le nom, la nationalité, le domicile du pilote et des hommes d'équipage, ainsi que les noms des voyageurs ;

2° L'indication de la marche suivie en plan et en altitude toutes les fois que les circonstances le permettront ; pour les ballons dirigeables, la marche en plan est indiquée sur une carte et la marche en altitude l'est à l'aide d'un barographe qu'ils sont tenus d'avoir à bord ;

3° L'indication de tous les événements intéressants, notamment les escales et les accidents survenus à l'aéronef, à l'équipage et aux autres voyageurs.

Les mentions ci-dessus énumérées sont portées sur le livre de bord autant que possible au cours de l'ascension ou, en cas d'empêchement, après l'ascension et dans un délai maximum de douze heures.

Art. 21. Pour les appareils d'aviation, les indications relatives au personnel, aux points de départ et d'arrivée, aux escales et aux accidents sont seules exigées.

Art. 22. Le livre de bord doit être conservé pendant deux ans après la dernière inscription et être représenté à toute réquisition de l'autorité publique.

Art. 23. Les représentants de l'autorité publique peuvent visiter tout aéronef pour exercer les droits de police et de surveillance fiscale.

Art. 24. Quand un aéronef arrive de l'étranger, le pilote doit immédiatement prévenir le maire de la localité du point d'atterrissage qui veille à ce que le chargement, s'il y a lieu, ne puisse être distrait, ni le matériel emporté avant que les agents du fisc n'aient pu procéder aux vérifications et aux opérations nécessaires.

Art. 25. La circulation aérienne doit être effectuée en conformité du règlement spécial annexé au présent décret et concernant notamment :

Les feux ;
Les signaux phoniques ;
Les règles de route et de manœuvres ;
Les signaux d'atterrissage et de détresse ;
L'emploi du lest.

Art. 26. En cas de danger couru par un aéronef, les autorités locales doivent prendre les mesures en leur pouvoir pour lui prêter assistance.

Art. 27. Toute personne qui trouve une épave d'aéronef doit en faire la déclaration à l'autorité municipale ; si l'épave est trouvée en mer, la déclaration doit être faite à l'autorité du premier port où le navire aborde.

TITRE V

Des aéronefs publics.

Art. 28. Sont considérés comme aéronefs publics, les aéronefs affectés au service de l'Etat et se trouvant sous les ordres d'un fonctionnaire à ce dûment commissionné.

Art. 29. Les dispositions du présent règlement sont applicables aux aéronefs publics, à l'exception des articles 2 à 10 et 17 à 23.

Les conditions techniques applicables aux appareils radiotélégraphiques et radiotéléphoniques placés à bord des aéronefs publics sont fixées par le ministère intéressé, après avis de la Commission interministérielle de télégraphie sans fil.

Art. 30. Sont considérés comme aéronefs militaires, les aéronefs publics placés sous les ordres d'un commandant portant l'uniforme et qui ont à bord un certificat établissant leur caractère militaire. Les dispositions mentionnées aux articles 12 à 16 ne leur sont pas applicables.

Art. 31. Les aéronefs publics portent comme seule marque un signe distinctif qui est différent pour les aéronefs militaires et pour ceux dépendant des autres administrations publiques.

Art. 32. La circulation en France des aéronefs militaires étrangers est interdite.

TITRE VI

Dispositions diverses.

Art. 33. Ne sont pas soumis aux dispositions des titres I et II et des articles 18 à 22, 24, 26 et 27 du titre IV, les aéronefs évoluant au-dessus des aérodromes, tant que ces évolutions ne donnent pas lieu à spectacle public.

Pour les aéronefs évoluant en dehors des aérodromes, dans les régions agréées par l'Administration des travaux publics comme champs d'expérience, les titres I et II et les articles 18 à 22 du titre IV ne sont pas applicables.

Art. 34. Les évolutions d'aéronefs, lorsqu'elles constituent des spectacles publics, ne peuvent avoir lieu qu'en vertu d'une autorisation du préfet, après avis du maire.

Pour les épreuves comportant un trajet au-dessus de la pleine campagne et organisée à date fixe, l'autorisation sera donnée après avis des maires des communes où doivent avoir lieu les départs, les escales et les arrivées, par le préfet du département si un seul département est intéressé, par le Ministre de l'intérieur en cas contraire.

Pour ces épreuves, comme pour les spectacles publics, la demande doit être faite un mois au moins à l'avance, afin de permettre à l'autorité compétente de prendre dans l'intérêt public toutes les mesures nécessaires.

Aucune autorisation ne peut être accordée que sous réserve de l'engagement pris par le pétitionnaire de supporter les frais de surveillance et tous autres frais occasionnés à l'Administration par l'épreuve.

Le pétitionnaire doit, à cet effet, déposer une consignation préalable.

Art. 35. Les Ministres des travaux publics, des postes et des télégraphes, de l'intérieur, des finances, de la guerre et de la marine sont chargés, chacun en ce qui le concerne, d'assurer l'exécution du présent décret qui sera publié au *Journal officiel* et inséré au *Bulletin des lois*.

Fait à Paris, le 21 novembre 1911.

Par le Président de la République :

A. FALLIÈRES.

Le Ministre des travaux publics,
des postes et des télégraphes,
Victor AUGAGNEUR.

Le Président du Conseil, Ministre de l'intérieur,
J. CAILLAUX.

Le Ministre des finances,
L.-L. KLOTZ.

Le Ministre de la guerre,
MESSIMY.

Le Ministre de la marine,
DELCASSÉ.

ANNEXE

Règlement de la circulation aérienne.

I. — RÈGLES CONCERNANT LES FEUX

Art. 1er. Les règles concernant les feux doivent être observées par tous les temps, du coucher au lever du soleil, et, pendant cet intervalle, on ne doit montrer aucun feu pouvant être pris pour un des feux prescrits.

Feux que doivent porter les ballons dirigeables.

Art. 2. Un ballon dirigeable faisant route, c'est-à-dire ayant une vitesse propre, doit porter :

a) A l'avant, un feu blanc brillant disposé de manière à montrer une lumière ininterrompue sur tout le parcours d'un arc horizontal de 220° soit 110° de chaque côté de l'aéronef à partir de l'avant ;

b) A droite, un feu vert établi de manière à projeter une lumière ininterrompue sur tout le parcours d'un arc horizontal de 110°, c'est-à-dire depuis l'avant jusqu'à 20° sur l'arrière du travers, du côté droit ;

c) A gauche, un feu rouge établi de manière à projeter une lumière ininterrompue sur tout le parcours d'un arc horizontal de 110°, c'est-à-dire depuis l'avant jusqu'à 20° sur l'arrière du travers, du côté gauche ;

d) Les trois feux, blanc, vert et rouge, devront être visibles dans chaque plan vertical correspondant à leurs zones respectives dans toute direction comprise entre la verticale, vers le bas, et une ligne se rapprochant autant que possible de la verticale et faisant un angle d'au moins 30° avec l'horizontale, vers le haut ;

e) Les feux de côté, vert et rouge, devront être munis d'écrans disposés de telle sorte que leur lumière ne puisse être aperçue du côté opposé ;

f) Le feu blanc doit être visible à une distance d'au moins 4 kilomètres, les feux vert et rouge à une distance d'au moins 2 kilomètres, par nuit noire et atmosphère pure ;

g) Un ballon dirigeable devra, en outre, avoir les moyens de montrer occasionnellement un feu blanc derrière, s'il est rattrapé par un autre aéronef.

Feux des appareils d'aviation.

Art. 3. Les règles relatives aux feux sont applicables, en principe, aux appareils d'aviation. Toutefois, par une mesure de tolérance temporaire, ils ne sont astreints qu'à porter un seul fanal, disposé de manière à montrer un feu vert à droite et un feu rouge à gauche.

Les angles de visibilité, dans le plan horizontal, doivent être ceux prévus pour les ballons dirigeables. En ce qui concerne les angles de visibilité dans le plan vertical et le minimum de visibilité des feux, il est simplement recommandé de se rapprocher autant que possible des règles qui ont été prescrites pour les ballons dirigeables.

Feu des ballons libres.

Art. 4. Les ballons libres doivent avoir, prêt à servir, un fanal à feu blanc et le montrer à l'approche d'un autre aéronef.

II. — SIGNAUX PHONIQUES

Art. 5. *a*) Par les temps de brouillard, de brume, de bruine, de neige ou pendant les forts grains de pluie, les ballons dirigeables doivent, tant de jour que de nuit, faire usage de signaux phoniques puissants discontinus.

b) Dans les mêmes conditions, les ballons libres devront faire usage de signaux analogues lorsqu'ils seront dans le voisinage d'aéronefs à moteur.

c) Les règles ci-dessus ne sont applicables aux appareils d'aviation que dans la mesure du possible.

III. — RÈGLES DE ROUTE ET DE MANŒUVRES

Art. 6. Un aéronef à moteur doit toujours se tenir à une distance d'au moins 100 mètres de tout autre aéronef, dans toute direction horizontale, verticale ou oblique.

Art. 7. Les aéronefs à moteur doivent toujours s'écarter des ballons libres.

Art. 8. Lorsque deux aéronefs à moteur font des routes qui se croisent de manière à faire craindre une collision, l'aéronef qui voit l'autre sur la droite de sa propre direction doit s'écarter de la route de cet autre aéronef.

Quand, d'après la règle ci-dessus, l'un des navires aériens doit changer sa route, l'autre doit conserver la sienne et maintenir sa vitesse.

Art. 9. Tout aéronef à moteur qui est tenu, d'après ces règles, de s'écarter de la route d'un autre aéronef doit, si les circonstances de la rencontre le permettent, éviter de couper la route de l'autre aéronef sur l'avant de celui-ci.

Art. 10. Lorsque deux aéronefs à moteur ont le cap l'un sur l'autre ou presque l'un sur l'autre, en suivant des directions opposées ou à peu près opposées, à des altitudes peu différentes, de manière à faire craindre une collision, chacun d'eux doit venir sur la droite de sa propre direction, de manière à laisser l'autre sur sa gauche.

Art. 11. Quelles que soient les prescriptions des articles qui précèdent, tout aéronef à moteur qui en rattrape un autre doit s'écarter de la route de ce dernier.

Doit être considéré comme aéronef qui en rattrape un autre, tout aéronef qui se rapproche d'un autre en venant d'une direction de plus de 20° sur l'arrière du travers de ce dernier, c'est-à-dire qui se trouve dans une position telle, par rapport à l'aéronef rattrapé, qu'il ne pourrait, pendant la nuit, apercevoir aucun des feux de côté de celui-ci. Aucun changement ultérieur dans le relèvement des deux aéronefs ne pourra faire considérer l'aéronef qui rattrape l'autre comme croisant la route de ce dernier, au sens de l'article 8, et ne pourra l'affranchir de l'obligation de s'écarter de la route de l'aéronef rattrapé jusqu'à ce qu'il l'ait tout à fait dépassé.

Art. 12. Toutes les fois que les règles précédentes ne précisent pas la manœuvre qui doit être faite, l'aéronef ou les aéronefs qui ont l'obligation de manœuvrer peuvent le faire aussi bien dans le sens vertical que dans le sens horizontal.

Art. 13. En cas de collision imminente, les deux aéronefs doivent faire la meilleure manœuvre possible. En particulier, le plus élevé doit manœuvrer pour monter et l'autre pour descendre.

Lorsqu'ils sont au même niveau, en cas de croisement, celui des deux qui aperçoit l'autre sur la droite de sa propre direction doit manœuvrer pour monter et l'autre pour descendre.

Art. 14. Lorsqu'un ballon dirigeable a stoppé volontairement, il doit montrer une boule noire très apparente ; il reste, dans ce cas, soumis aux mêmes règles que les aéronefs en marche.

S'il n'est plus maître de sa manœuvre pour cause d'avarie, il doit montrer deux boules noires très apparentes placées verticalement l'une au-dessus de l'autre. Dans ce cas, il est assimilable aux ballons libres.

La nuit, dans les deux cas, il ne montre que le feu blanc et est assimilable aux ballons libres.

IV. — SIGNAUX D'ATTERRISSAGE ET DE DÉTRESSE

Art. 15. Lorsqu'un ballon dirigeable se dispose à atterrir il doit :

De jour, faire apparaître sous la nacelle un pavillon rouge de forme triangulaire ;

De nuit, faire clignoter ou agiter un feu blanc, en maintenant allumés ses feux de côté.

Art. 16. a) En cas de détresse, au-dessus des terres comme au-dessus de la mer, un ballon dirigeable doit, dans la mesure du possible :

De jour, faire apparaître sous la nacelle un pavillon rouge triangulaire et montrer les deux boules noires superposées prévues à l'article 14.

De nuit, faire agiter ou clignoter un feu blanc en éteignant ses feux de côté.

De jour, comme de nuit, il peut en outre faire usage d'un signal phonique.

b) Un ballon libre en détresse doit :

De jour, montrer sous la nacelle un pavillon rouge triangulaire, et la nuit, agiter un feu blanc.

Il peut, en outre, de jour comme de nuit, faire usage d'un signal phonique.

V. — EMPLOI DU LEST.

Art. 17. Il est interdit d'employer d'autre lest que du sable très fin ou de l'eau.

Paris et Limoges. — Imprimerie et Librairie militaires Henri CHARLES-LAVAUZELLE.